영어 알파벳
바르게 쓰기

영어 알파벳
바르게 쓰기

초판 1쇄 발행 | 2022년 10월 31일

엮은이 | 편집부

발행인 | 김선희 · 대 표 | 김종대
펴낸곳 | 도서출판 매월당
책임편집 | 박옥훈 · 디자인 | 이지숙 · 마케터 | 양진철 · 김용준

등록번호 | 388-2006-000018호
등록일 | 2005년 4월 7일
주소 | 경기도 부천시 소사구 중동로 71번길 39, 109동 1601호
        (송내동, 뉴서울아파트)
전화 | 032−666−1130 · 팩스 | 032−215−1130

ISBN 979-11-7029-221-0 (13740)

영어 쓰기
자신감을 위한
기초 입문서

영어
알파벳
바르게
쓰기

편집부 엮음

abca

매월당
MAEWOLDANG

알파벳 기본부터 간단한 단어와 문장 쓰기 연습

알파벳은 서양 언어 표기 문자를 가리키는 말로, 그 이름은 그리스 문자 첫 번째 글자인 알파와 두 번째 글자인 베타가 결합된 단어에서 기원했습니다. 알파벳은 기원전 약 3,000년 수메르와 고대 이집트 문자의 영향을 받은 페니키아 사람들에 의해 만들어졌다고 하며, 그리스와 로마 등을 거쳐 현재 우리가 쓰는 영어 알파벳의 형태가 되었습니다. 그리고 현재 영어에서 쓰이는 알파벳은 세계에서 가장 영향력이 있는 언어체계로 자리 잡고 있습니다.

우리 모두가 알고 있듯이 한글은 자음 ㄱ, ㄴ, ㄷ, ㄹ, ㅁ, ㅂ, ㅅ, ㅇ, ㅈ, ㅊ, ㅋ, ㅌ, ㅍ, ㅎ 14자와 모음 ㅏ, ㅑ, ㅓ, ㅕ, ㅗ, ㅛ, ㅜ, ㅠ, ㅡ, ㅣ 10자로 이루어져 있습니다. 그렇다면 영어는 어떨까요? 영어도 한글처럼 자음과 모음으로 이루어져 있습니다. 영어의 자음은 B, C, D, F, G, H, J, K, L, M, N, P, Q, R, S, T, V, W, X, Y, Z 21자와 모음 A, E, I, O, U, 5자이며 영어의 자음 21자와 모음 5자를 합한 26자를 영어 알파벳이라고 부른답니다.

알파벳 개수는 대문자 26자, 소문자 26자인 총 52자로 이루어져 있습니다.

알파벳 글자는 대문자 A, B, C, D, E, F, G, H, I, J, K, L, M, N, O, P, Q, R, S, T, U, V, W, X, Y, Z가 있으며 소문자 a, b, c, d, e, f, g, h, i, j, k, l, m, n, o, p, q, r, s, t, u, v, w, x, y, z가 있습니다.

따라서 우리가 영어를 공부하기 위해서는, 반드시 알파벳을 알아야만 읽고 쓸 수 있습니다. 이 책《영어 알파벳 바르게 쓰기》는 알파벳 A부터 Z까지에 대한 모든 것을 담았습니다.

영어 알파벳의 기본인 블록체(손으로 쓰기 쉽게 만든 글씨체) 대문자와 소문자 읽기와 쓰기, 필기체(이어 쓰기 쉽게 만든 글씨체) 대문자와 소문자 읽기와 쓰기를 반복해서 쓰고 익힘으로써 체계적으로 영어를 시작할 수 있으며, 더 나아가 기본적인 단어와 간단한 문장 쓰기를 반복함으로써 점점 영어에 자신감을 가질 수 있도록 만든 영어 기초 입문서입니다.

또한 이 책은 어린이뿐만 아니라 영어를 처음 접하는 모든 분들을 위해 만든 책인 만큼 누구나가 손쉽게 선택하여 영어 공부의 첫걸음인 알파벳을 완전하게 익히기를 소망합니다.

Contents

제 1 장

알파벳 블록체

대문자 쓰기

A

[ei 에이]
'에'는 힘을 주어 강하게 '이'는 가볍게 붙여서 발음한다.

A A A A A A A A A

A A A A A A A A A

B

B

[bi : 비-]
두 입술을 가볍게 붙였다가 떼면서 '비-'라고 길게 발음한다.

B B B B B B B B B

B B B B B B B B B

C

C [si: 씨-]

윗니와 아랫니 사이로 나는 '씨'는 강하게 '이'는 가볍게 발음한다.

C C C C C C C C C

C C C C C C C C C

D

D [di: 디-]

윗니 뒤에 혀끝을 살짝 댔다 떼면서 '디'라고 발음한다.

D D D D D D D D D

D D D D D D D D D

E

[i: 이-]
혀를 우리말의 '이'보다 높은 위치에 두고 '이'라고 길게 발음한다.

F

[ef 에프]
에프의 '프'는 윗니로 아랫입술을 가볍게 누른 다음 센 입김을
내보내듯 발음한다.

[dʒiː 쥐-]
입천장에 혀를 가까이 하고 '쥐-'라고 발음한다.

G G G G G G G G G

G G G G G G G G G

[éitʃ 에이취]
'에'는 강하게 '이취'는 가볍게, 동시에 발음한다.

H H H H H H H H H H

H H H H H H H H H H

I

I 2→ 1↓ 3→

[ái 아이]

'아'는 강하게 '이'는 약하게 붙여서 발음한다.

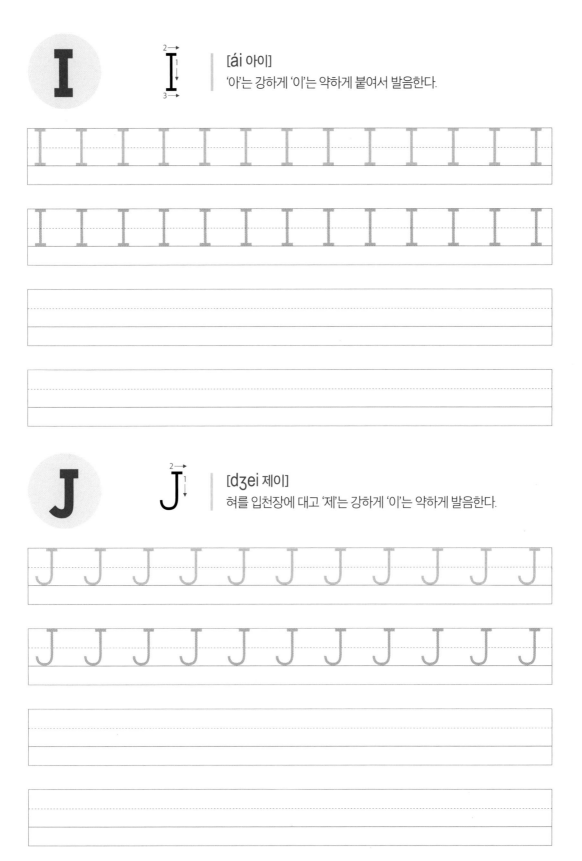

J

J 2→ 1↓

[dʒei 제이]

혀를 입천장에 대고 '제'는 강하게 '이'는 약하게 발음한다.

K

[kei 케이]

혀의 뒷부분을 입천장에 대고 '케'는 강하게 '이'는 약하게 발음한다.

K K K K K K K K K K

K K K K K K K K K K

L

[el 엘]

혀끝을 윗니 뒤에 붙여 '엘'이라고 발음한다.

L L L L L L L L L L

L L L L L L L L L L

[em 엠]

'에'는 강하게 'ㅁ'은 입을 다물고 코로 소리 내도록 발음한다.

M M M M M M M M

M M M M M M M M

[en 엔]

'에'를 발음하면서 혀끝을 입천장에 대고 강하게 'ㄴ'이라고 발음한다.

N N N N N N N N

N N N N N N N N

14

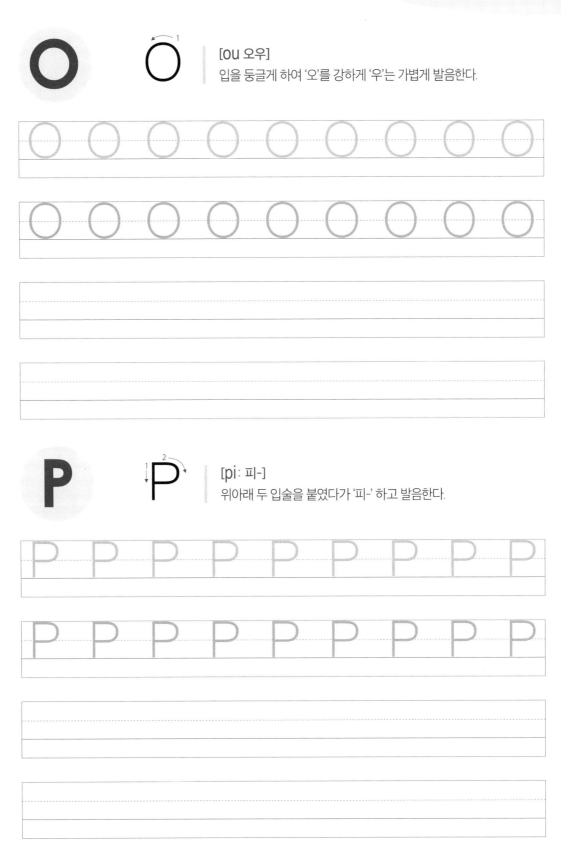

O

Ō¹

[ou 오우]
입을 둥글게 하여 '오'를 강하게 '우'는 가볍게 발음한다.

P

P

[pi: 피-]
위아래 두 입술을 붙였다가 '피-' 하고 발음한다.

[kjuː 큐-]

입을 둥글게 하여 처음에는 강하게 한 다음 점점 약하게 '큐-'라고 발음한다.

Q Q Q Q Q Q Q Q Q

Q Q Q Q Q Q Q Q Q

[aːr 아-ㄹ]

입을 크게 벌리고 혀끝을 입천장에 닿지 않게 구부리며 '아-ㄹ'로 발음한다.

R R R R R R R R R R

R R R R R R R R R R

S

S̆ ¹

[es 에스]

'에'는 강하게 '스'는 약하게 발음한다.

S S S S S S S S S

S S S S S S S S S

T

²→ T ¹↓

[ti : 티-]

D를 발음할 때와 같은 방법으로 윗니 뒤에 혀끝을 살짝 댔다 떼면서 '티'라고 발음한다.

T T T T T T T T T

T T T T T T T T T

U

U [júː 유-]

입술을 동그랗게 내밀고 '이'와 '유'를 한꺼번에 강하게 발음한다.

U U U U U U U U U

U U U U U U U U U

V

V [víː 븨-]

윗니를 아랫입술에 가볍게 대고 밖으로 밀며 '븨-'라고 발음한다.

V V V V V V V V V

V V V V V V V V V

[dʌblju: 더블유]

'더'는 강하게 '블유'는 약하게 붙여서 발음한다.

[eks 엑스]

목에 힘을 주고 '엑'은 강하게 '스'는 가볍게 붙여서 발음한다.

[wái 와이]

위아래 입술을 오므렸다가 벌리며 '와'는 강하게 '이'는 약하게 발음한다.

Y Y Y Y Y Y Y Y Y Y

Y Y Y Y Y Y Y Y Y Y

[zed / zi : 지-]

어금니를 떼고 앞니만 살짝 붙인 채 혀로 이를 미는 듯이 '지-'라고
발음한다.

Z Z Z Z Z Z Z Z Z Z

Z Z Z Z Z Z Z Z Z Z

✏️ 대문자 복습하기

ABCDEFGHIJKLM

ABCDEFGHIJKLM

NOPQRSTUVWXYZ

NOPQRSTUVWXYZ

소문자 쓰기

_____ 월 _____ 일 _____ 요일

[ei 에이]
'에'는 힘을 주어 강하게 '이'는 가볍게 붙여서 발음한다.

[bi: 비-]
두 입술을 가볍게 붙였다가 떼면서 '비-'라고 길게 발음한다.

C

c¹

[si: 씨-]

윗니와 아랫니 사이로 나는 '씨'는 강하게 '이'는 가볍게 발음한다.

c c c c c c c c c c c c c

c c c c c c c c c c c c c

d

d

[di: 디-]

윗니 뒤에 혀끝을 살짝 댔다 떼면서 '디'라고 발음한다.

d d d d d d d d d d d d d d

d d d d d d d d d d d d d d

[i: 이-]
혀를 우리말의 '이'보다 높은 위치에 두고 '이'라고 길게 발음한다.

  [ef 에프]
에프의 '프'는 윗니로 아랫입술을 가볍게 누른 다음 센 입김을
내보내듯 발음한다.

g

g

[dʒiː 쥐-]

입천장에 혀를 가까이 하고 '쥐-'라고 발음한다.

g g g g g g g g g g g g g g

g g g g g g g g g g g g g g

h

h

[éitʃ 에이취]

'에'는 강하게 '이취'는 가볍게, 동시에 발음한다.

h h h h h h h h h h h h h

h h h h h h h h h h h h h

i [ái 아이]
'아'는 강하게 '이'는 약하게 붙여서 발음한다.

j [dʒei 제이]
혀를 입천장에 대고 '제'는 강하게 '이'는 약하게 발음한다.

[kei 케이]

혀의 뒷부분을 입천장에 대고 '케'는 강하게 '이'는 약하게 발음한다.

k k k k k k k k k k k k

k k k k k k k k k k k k

l

[el 엘]

혀끝을 윗니 뒤에 붙여 '엘'이라고 발음한다.

l l l l l l l l l l l l l l

l l l l l l l l l l

m

m

[em 엠]

'에'는 강하게 'ㅁ'은 입을 다물고 코로 소리 내도록 발음한다.

m m m m m m m m m m m m m

m m m m m m m m m m m m m

n

n

[en 엔]

'에'를 발음하면서 혀끝을 입천장에 대고 강하게 'ㄴ'이라고 발음한다.

n n n n n n n n n n n n n

n n n n n n n n n n n n n

o

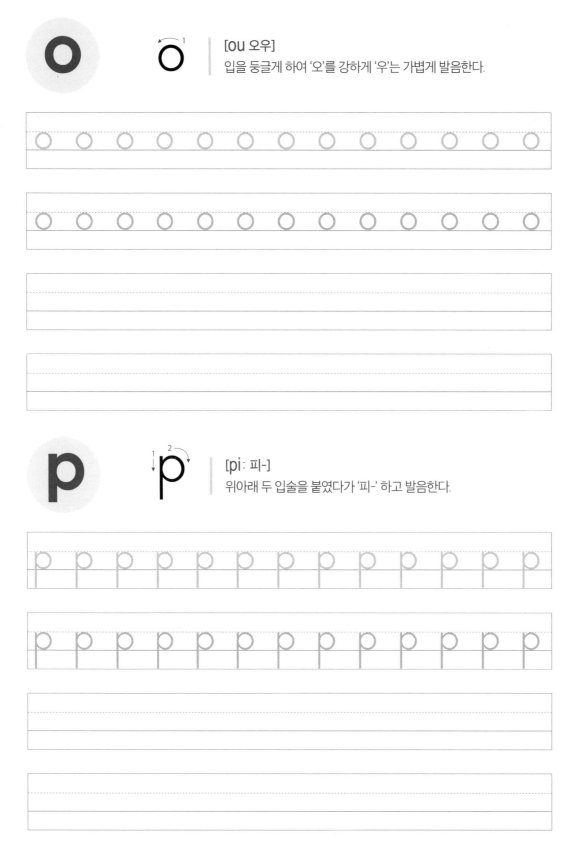

o

[ou 오우]
입을 둥글게 하여 '오'를 강하게 '우'는 가볍게 발음한다.

p

p

[pi: 피-]
위아래 두 입술을 붙였다가 '피-' 하고 발음한다.

q

q¹²

[kjuː 큐-]
입을 둥글게 하여 처음에는 강하게 한 다음 점점 약하게 '큐-'라고 발음한다.

q q q q q q q q q q q q q

q q q q q q q q q q q q q

r

r

[aːr 아-ㄹ]
입을 크게 벌리고 혀끝을 입천장에 닿지 않게 구부리며 '아-ㄹ'로 발음한다.

r r r r r r r r r r r r r

r r r r r r r r r r r r r

S

$\overset{\curvearrowleft 1}{S}$

[es 에스]
'에'는 강하게 '스'는 약하게 발음한다.

S S S S S S S S S S S S S

S S S S S S S S S S S S S

t

$\overset{1}{\underset{2}{\downarrow}}t$

[ti : 티-]
D를 발음할 때와 같은 방법으로 윗니 뒤에 혀끝을 살짝 댔다 떼면서
'티'라고 발음한다.

t t t t t t t t t t t t t t

t t t t t t t t t t t t t t

U

u

[jú : 유-]
입술을 동그랗게 내밀고 '이'와 '유'를 한꺼번에 강하게 발음한다.

U U U U U U U U U U U U U U

U U U U U U U U U U U U U U

V

V

[vi : 븨-]
윗니를 아랫입술에 가볍게 대고 밖으로 밀며 '븨-'라고 발음한다.

V V V V V V V V V V V V V

V V V V V V V V V V V V V

[dʌblju: 더블유]

'더'는 강하게 '블유'는 약하게 붙여서 발음한다.

W W W W W W W W W W W W

W W W W W W W W W W W W

[eks 엑스]

목에 힘을 주고 '엑'은 강하게 '스'는 가볍게 붙여서 발음한다.

X X X X X X X X X X X X X

X X X X X X X X X X X X

y

y

[wái 와이]

위아래 입술을 오므렸다가 벌리며 '와'는 강하게 '이'는 약하게 발음한다.

Y Y Y Y Y Y Y Y Y Y Y Y

Y Y Y Y Y Y Y Y Y Y Y Y

z

z

[zed / zi: 지-]

어금니를 떼고 앞니만 살짝 붙인 채 혀로 이를 미는 듯이 '지-'라고
발음한다.

Z Z Z Z Z Z Z Z Z Z Z Z Z

Z Z Z Z Z Z Z Z Z Z Z Z Z

소문자 복습하기

a b c d e f g h i j k l m

a b c d e f g h i j k l m

n o p q r s t u v w x y z

n o p q r s t u v w x y z

Aa Aa

Bb Bb

Cc Cc

Dd Dd

Ee Ee

Ff Ff

Gg Gg

Hh Hh

Ii Ii

Jj Jj

U u U u

V v V v

W w W w

X x X x

Y y Y y

Z z Z z

✔ 대문자와 소문자를 비교해 보며 부족한 글자를 다시 한 번 써 보세요.

알파벳 필기체

a

$\mathcal{A}$

[ei 에이]
'에'는 힘을 주어 강하게 '이'는 가볍게 붙여서 발음한다.

a a a a a a a a a

a a a a a a a a a

B

$\mathcal{B}$

[bi: 비-]
두 입술을 가볍게 붙였다가 떼면서 '비-'라고 길게 발음한다.

B B B B B B B B B

B B B B B B B B B

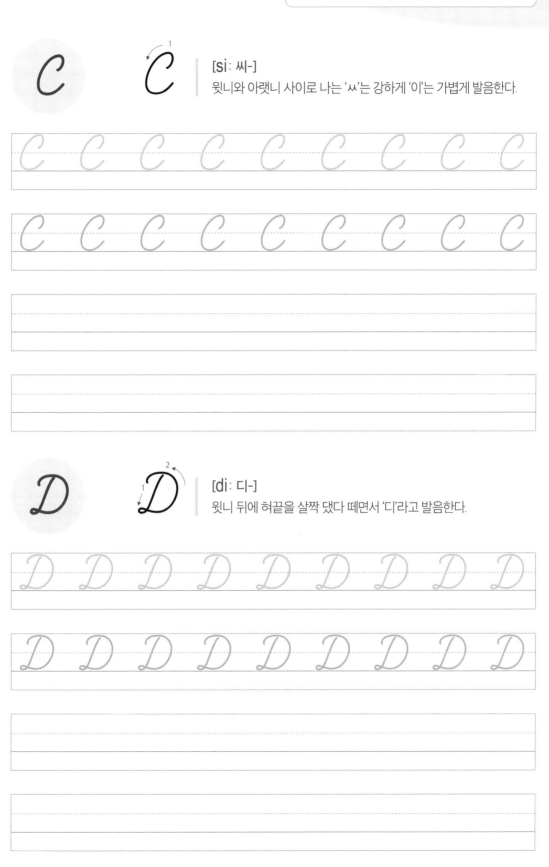

C $\mathcal{C}$

[si : 씨-]

윗니와 아랫니 사이로 나는 '씨'는 강하게 '이'는 가볍게 발음한다.

D $\mathcal{D}$

[di : 디-]

윗니 뒤에 혀끝을 살짝 댔다 떼면서 '디'라고 발음한다.

[i: 이-]
혀를 우리말의 '이'보다 높은 위치에 두고 '이'라고 길게 발음한다.

ε ε ε ε ε ε ε ε ε ε

ε ε ε ε ε ε ε ε ε

[ef 에프]
에프의 '프'는 윗니로 아랫입술을 가볍게 누른 다음 센 입김을
내보내듯 발음한다.

ℱ ℱ ℱ ℱ ℱ ℱ ℱ ℱ ℱ

ℱ ℱ ℱ ℱ ℱ ℱ ℱ ℱ ℱ

[dʒiː 쥐-]
입천장에 혀를 가까이 하고 '쥐-'라고 발음한다.

[éitʃ 에이취]
'에'는 강하게 '이취'는 가볍게, 동시에 발음한다.

[ái 아이]

'아'는 강하게 '이'는 약하게 붙여서 발음한다.

[dʒei 제이]

혀를 입천장에 대고 '제'는 강하게 '이'는 약하게 발음한다.

[kei 케이]
혀의 뒷부분을 입천장에 대고 '케'는 강하게 '이'는 약하게 발음한다.

K K K K K K K K K

K K K K K K K K K

[el 엘]
혀끝을 윗니 뒤에 붙여 '엘'이라고 발음한다.

L L L L L L L L L

L L L L L L L L L

제2장 알파벳 필기체

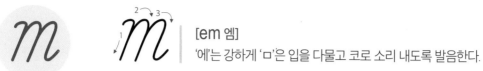

m

m̈ [em 엠]

'에'는 강하게 'ㅁ'은 입을 다물고 코로 소리 내도록 발음한다.

m m m m m m m m m m

m m m m m m m m m m

n

ñ [en 엔]

'에'를 발음하면서 혀끝을 입천장에 대고 강하게 'ㄴ'이라고 발음한다.

n n n n n n n n n

n n n n n n n n n n

[ou 오우]

입을 둥글게 하여 '오'를 강하게 '우'는 가볍게 발음한다.

[pi: 피-]

위아래 두 입술을 붙였다가 '피-' 하고 발음한다.

Q Q | [kju: 큐-]
입을 둥글게 하여 처음에는 강하게 한 다음 점점 약하게 '큐-'라고
발음한다.

Q Q Q Q Q Q Q Q Q

Q Q Q Q Q Q Q Q Q

R R | [aːr 아-ㄹ]
입을 크게 벌리고 혀끝을 입천장에 닿지 않게 구부리며 '아-ㄹ'로
발음한다.

R R R R R R R R R

R R R R R R R R R

[es 에스]
'에'는 강하게 '스'는 약하게 발음한다.

[ti: 티-]
D를 발음할 때와 같은 방법으로 윗니 뒤에 혀끝을 살짝 댔다 떼면서 '티'라고 발음한다.

51

$\mathcal{U}$ | [júː 유-]
입술을 동그랗게 내밀고 '이'와 '유'를 한꺼번에 강하게 발음한다.

$\mathcal{U}$ $\mathcal{U}$ $\mathcal{U}$ $\mathcal{U}$ $\mathcal{U}$ $\mathcal{U}$ $\mathcal{U}$ $\mathcal{U}$ $\mathcal{U}$

$\mathcal{U}$ $\mathcal{U}$ $\mathcal{U}$ $\mathcal{U}$ $\mathcal{U}$ $\mathcal{U}$ $\mathcal{U}$ $\mathcal{U}$ $\mathcal{U}$

$\mathcal{V}$ | [víː 븨-]
윗니를 아랫입술에 가볍게 대고 밖으로 밀며 '븨-'라고 발음한다.

$\mathcal{V}$ $\mathcal{V}$ $\mathcal{V}$ $\mathcal{V}$ $\mathcal{V}$ $\mathcal{V}$ $\mathcal{V}$ $\mathcal{V}$ $\mathcal{V}$ $\mathcal{V}$

$\mathcal{V}$ $\mathcal{V}$ $\mathcal{V}$ $\mathcal{V}$ $\mathcal{V}$ $\mathcal{V}$ $\mathcal{V}$ $\mathcal{V}$ $\mathcal{V}$ $\mathcal{V}$

[dʌbljuː 더블유]
'더'는 강하게 '블유'는 약하게 붙여서 발음한다.

제2장 알파벳 필기체

U U U U U U U U

U U U U U U U U

𝒳 [eks 엑스]
목에 힘을 주고 '엑'은 강하게 '스'는 가볍게 붙여서 발음한다.

X X X X X X X X

X X X X X X X X

53

[wái 와이]
위아래 입술을 오므렸다가 벌리며 '와'는 강하게 '이'는 약하게 발음한다.

Y Y Y Y Y Y Y Y Y Y

Y Y Y Y Y Y Y Y Y Y

[zed / zi: 지-]
어금니를 떼고 앞니만 살짝 붙인 채 혀로 이를 미는 듯이 '지-'라고
발음한다.

Z Z Z Z Z Z Z Z Z Z

Z Z Z Z Z Z Z Z Z Z

ABCDEFGHIJKLM

ABCDEFGHIJKLM

제2장 알파벳 필기체

55

NOPQRSTUVWXYZ

NOPQRSTUVWXYZ

[ei 에이]

'에'는 힘을 주어 강하게 '이'는 가볍게 붙여서 발음한다.

a a a a a a a a a a

a a a a a a a a a a

[bi: 비-]

두 입술을 가볍게 붙였다가 떼면서 '비-'라고 길게 발음한다.

b b b b b b b b b

b b b b b b b b b

c

$\overset{1}{c}$

[si : 씨-]

윗니와 아랫니 사이로 나는 '씨'는 강하게 '이'는 가볍게 발음한다.

c	c	c	c	c	c	c	c	c	c

c	c	c	c	c	c	c	c	c	c

d

$\overset{1\ 2}{d}$

[di : 디-]

윗니 뒤에 혀끝을 살짝 댔다 떼면서 '디'라고 발음한다.

d	d	d	d	d	d	d	d	d	d

d	d	d	d	d	d	d	d	d	d

e [iː 이-]
혀를 우리말의 '이'보다 높은 위치에 두고 '이'라고 길게 발음한다.

f [ef 에프]
에프의 '프'는 윗니로 아랫입술을 가볍게 누른 다음 센 입김을 내보내듯 발음한다.

g

g

[dʒiː 쥐-]

입천장에 혀를 가까이 하고 '쥐-'라고 발음한다.

g g g g g g g g g g

g g g g g g g g g g

h

h

[éitʃ 에이취]

'에'는 강하게 '이취'는 가볍게, 동시에 발음한다.

h h h h h h h h h h

h h h h h h h h h h

[ái 아이]

'아'는 강하게 '이'는 약하게 붙여서 발음한다.

i i i i i i i i i i

i i i i i i i i i i

제2장 알파벳 필기체

[dʒei 제이]

혀를 입천장에 대고 '제'는 강하게 '이'는 약하게 발음한다.

[kei 케이]
혀의 뒷부분을 입천장에 대고 '케'는 강하게 '이'는 약하게 발음한다.

k k k k k k k k k k

k k k k k k k k k k

[el 엘]
혀끝을 윗니 뒤에 붙여 '엘'이라고 발음한다.

l l l l l l l l l l

l l l l l l l l l l

m   **[em 엠]**
'에'는 강하게 'ㅁ'은 입을 다물고 코로 소리 내도록 발음한다.

m m m m m m m m m m

m m m m m m m m m m

n   **[en 엔]**
'에'를 발음하면서 혀끝을 입천장에 대고 강하게 'ㄴ'이라고 발음한다.

n n n n n n n n n n

n n n n n n n n n n

o

 [ou 오우]
입을 둥글게 하여 '오'를 강하게 '우'는 가볍게 발음한다.

O *O* *O* *O* *O* *O* *O* *O* *O* *O*

O *O* *O* *O* *O* *O* *O* *O* *O* *O*

p

  [pi: 피-]
위아래 두 입술을 붙였다가 '피-' 하고 발음한다.

p *p* *p* *p* *p* *p* *p* *p* *p* *p*

p *p* *p* *p* *p* *p* *p* *p* *p* *p*

[kjuː 큐-]

입을 둥글게 하여 처음에는 강하게 한 다음 점점 약하게 '큐-'라고
발음한다.

[aːr 아-ㄹ]

입을 크게 벌리고 혀끝을 입천장에 닿지 않게 구부리며 '아-ㄹ'로
발음한다.

제2장 알파벳 필기체

65

[es 에스]

'에'는 강하게 '스'는 약하게 발음한다.

ℐ	ℐ	ℐ	ℐ	ℐ	ℐ	ℐ	ℐ	ℐ	ℐ

ℐ	ℐ	ℐ	ℐ	ℐ	ℐ	ℐ	ℐ	ℐ	ℐ

[ti : 티-]

D를 발음할 때와 같은 방법으로 윗니 뒤에 혀끝을 살짝 댔다 떼면서 '티'라고 발음한다.

t	t	t	t	t	t	t	t	t	t

t	t	t	t	t	t	t	t	t	t

[jú : 유-]
입술을 동그랗게 내밀고 '이'와 '유'를 한꺼번에 강하게 발음한다.

| u | u | u | u | u | u | u | u | u | u |

| u | u | u | u | u | u | u | u | u | u |

[vi : 븨-]
윗니를 아랫입술에 가볍게 대고 밖으로 밀며 '븨-'라고 발음한다.

| v | v | v | v | v | v | v | v | v | v |

| v | v | v | v | v | v | v | v | v | v |

$\mathcal{w}$

$\mathcal{w}$ [dʌblju: 더블유]

'더'는 강하게 '블유'는 약하게 붙여서 발음한다.

| $\mathcal{w}$ | $\mathcal{w}$ | $\mathcal{w}$ | $\mathcal{w}$ | $\mathcal{w}$ | $\mathcal{w}$ | $\mathcal{w}$ | $\mathcal{w}$ | $\mathcal{w}$ | $\mathcal{w}$ |

| $\mathcal{w}$ | $\mathcal{w}$ | $\mathcal{w}$ | $\mathcal{w}$ | $\mathcal{w}$ | $\mathcal{w}$ | $\mathcal{w}$ | $\mathcal{w}$ | $\mathcal{w}$ | $\mathcal{w}$ |

$\mathcal{x}$

$\mathcal{x}$ [eks 엑스]

목에 힘을 주고 '엑'은 강하게 '스'는 가볍게 붙여서 발음한다.

| $\mathcal{x}$ | $\mathcal{x}$ | $\mathcal{x}$ | $\mathcal{x}$ | $\mathcal{x}$ | $\mathcal{x}$ | $\mathcal{x}$ | $\mathcal{x}$ | $\mathcal{x}$ | $\mathcal{x}$ |

| $\mathcal{x}$ | $\mathcal{x}$ | $\mathcal{x}$ | $\mathcal{x}$ | $\mathcal{x}$ | $\mathcal{x}$ | $\mathcal{x}$ | $\mathcal{x}$ | $\mathcal{x}$ | $\mathcal{x}$ |

[wái 와이]

위아래 입술을 오므렸다가 벌리며 '와'는 강하게 '이'는 약하게 발음한다.

[zed / zi: 지-]

어금니를 떼고 앞니만 살짝 붙인 채 혀로 이를 미는 듯이 '지-'라고 발음한다.

a b c d e f g h i j k l m

a b c d e f g h i j k l m

n o p q r s t u v w x y z

n o p q r s t u v w x y z

대문자와 소문자 비교하며 복습하기

Aa Aa

Bb Bb

Cc Cc

Dd Dd

Ee Ee

Ff Ff

Gg Gg

Hh Hh

Ii Ii

Jj Jj

$U u \quad U u$

$V v \quad V v$

$W w \quad W w$

$X x \quad X x$

$Y y \quad Y y$

$Z z \quad Z z$

✔ 부족한 글자를 다시 한 번 써 보세요.

abcdefghijklm

abcdefghijklm

nopqrstuvwxyz

nopqrstuvwxyz

✏️ 블록체와 필기체
대문자와 소문자 쓰기

Aa Aa Bb Bb Cc Cc

Aa Aa Bb Bb Cc Cc

Dd Dd Ee Ee Ff Ff

Dd Dd Ee Ee Ff Ff

Gg *Gg* Hh *Hh* Ii *Ii*

Gg *Gg* Hh *Hh* Ii *Ii*

Jj *Jj* Kk *Kk* Ll *Ll*

Jj *Jj* Kk *Kk* Ll *Ll*

Mm𝑀𝑚 Nn𝒩𝑛 Oo𝒪𝑜

Mm𝑀𝑚 Nn𝒩𝑛 Oo𝒪𝑜

Pp𝒫𝑝 Qq𝒬𝑞 Rr𝑅𝑟

Pp𝒫𝑝 Qq𝒬𝑞 Rr𝑅𝑟

S s S s   T t T t   U u U u

S s S s   T t T t   U u U u

V v V v   W w W w   X x X x

V v V v   W w W w   X x X x

Yy Yy Zz Zz

Yy Yy Zz Zz

✔ 부족한 글자를 다시 한 번 써 보세요.

제 **3** 장
단어와 문장

✏ A로 시작하는 단어

주소

address   address   address

비행기

airplane   airplane   airplane

공항

airport   airport   airport

사과

apple   apple   apple   apple

✏️ B로 시작하는 단어

아기

baby   baby   baby   baby

가방

bag   bag   bag   bag

은행

bank   bank   bank   bank

생일

birthday   birthday   birthday

제3장 단어와 문장

85

✏ C로 시작하는 단어

모자

cap   cap   cap   cap   cap

의자

chair   chair   chair   chair   chair

컴퓨터

computer   computer   computer

컵

cup   cup   cup   cup   cup

✏️ D로 시작하는 단어

책상

desk   desk   desk   desk

의사

doctor doctor doctor doctor

꿈

dream   dream   dream   dream

북

drum   drum   drum   drum

✏ E로 시작하는 단어

지구

earth   earth   earth   earth

달걀

egg   egg   egg   egg

엔진

engine   engine   engine   engine

지우개

eraser   eraser   eraser   eraser

✏ F로 시작하는 단어

가족

family family family family

농장

farm farm farm farm

불

fire fire fire fire

꽃

flower flower flower flower

✏ G로 시작하는 단어

정원

garden garden garden garden

문

gate gate gate gate

잔디

grass grass grass grass

기타

guitar guitar guitar guitar

마음

heart   heart   heart   heart

희망

hope   hope   hope   hope

병원

hospital   hospital   hospital

집

house   house   house   house

✏️ I로 시작하는 단어

얼음

ice ice ice ice ice ice

잉크

ink ink ink ink ink ink

흥미

interest interest interest

섬

island island island island

✏ J로 시작하는 단어

재킷

jacket jacket jacket jacket

직업

job job job job job job

주스

juice juice juice juice

밀림

jungle jungle jungle jungle

🖉 K로 시작하는 단어

열쇠

key　key　key　key　key　key

왕

king　king　king　king　king　king

부엌

kitchen　kitchen　kitchen

연

kite　kite　kite　kite　kite　kite

등불

lamp lamp lamp lamp lamp

도서관

library library library

사랑

love love love love love

행운

luck luck luck luck luck

✏ M으로 시작하는 단어

고기

meat meat meat meat

우유

milk milk milk milk

영화

movie movie movie movie

음악

music music music music

이름

name　　name　　name　　name

뉴스

news　　　news　　　news　　news

제3장 단어와 문장

숫자

number　　　number　　number

간호사

nurse　　　nurse　　　nurse　　nurse

✏ O로 시작하는 단어

사무실

office   office   office   office

기름

oil   oil   oil   oil   oil   oil

오렌지

orange   orange   orange

풍금

organ   organ   organ   organ

종이

paper   paper   paper   paper

공원

park   park   park   park

연필

pencil   pencil   pencil

그림

picture picture picture picture

✏ Q로 시작하는 단어

여왕

queen   queen   queen   queen

질문

question   question   question

고요

quiet   quiet   quiet   quiet

퀴즈

quiz   quiz   quiz   quiz

✏ R로 시작하는 단어

라디오

radio   radio   radio   radio

무지개

rainbow   rainbow   rainbow

리본

ribbon   ribbon   ribbon   ribbon

강

river   river   river   river

제3장 단어와 문장

✏ S로 시작하는 단어

소금

salt   salt   salt   salt   salt

학교

school   school   school   school

노래

song   song   song   song   song

수영

swim   swim   swim   swim   swim

택시

taxi   taxi   taxi   taxi   taxi

표

ticket   ticket   ticket   ticket

도시

town   town   town   town   town

여행

trip   trip   trip   trip   trip

✏ U로 시작하는 단어

우산

umbrella umbrella umbrella

삼촌, 아저씨

uncle uncle uncle uncle uncle

유니폼

uniform uniform uniform

사용하다

use use use use use

✏ V로 시작하는 단어

_____월 _____일 _____요일

방학

vacation   vacation   vacation

채소

vegetable   vegetable

마을

village   village   village

바이올린

violin violin violin violin violin

✏ W로 시작하는 단어

물

water water water water

창문

window window window

나무

wood wood wood wood

세계

world world world world

크리스마스

X-mas   X-mas   X-mas

엑스레이

X-ray   X-ray   X-ray

실로폰

xylophone   xylophone

복사

Xerox   Xerox   Xerox

Y로 시작하는 단어

요트

yacht yacht yacht yacht

해, 1년

year year year year year

노랑색

yellow yellow yellow yellow

어제

yesterday yesterday

얼룩말

zebra   zebra   zebra   zebra

제로, 0

zero   zero   zero   zero   zero

동물원

zoo   zoo   zoo   zoo   zoo

지퍼

zipper   zipper   zipper   zipper

✏ 숫자

one
1 원

one   one

two
2 투

two   two

three
3 쓰리

three   three

four
4 포

four   four

five
5 파이브

five   five

six
6 식스

six   six

seven
7 세븐

seven   seven

eight
8 에잇

eight   eight

nine
9 나인

nine   nine

ten
10 텐

ten   ten

eleven

11 일레븐

eleven   eleven

twelve

12 트웰브

twelve   twelve

thirteen

13 써-르틴

thirteen   thirteen

fourteen

14 포틴

fourteen   fourteen

fifteen

15 피프틴

fifteen   fifteen

sixteen

16 식스틴

sixteen   sixteen

seventeen

17 세븐틴

seventeen   seventeen

eighteen

18 에이틴

eighteen   eighteen

nineteen

19 나인틴

nineteen   nineteen

twenty

20 투웨니

twenty   twenty

제3장 단어와 문장

thirty

30 써-르티

thirty thirty

forty

40 포티

forty forty

fifty

50 피프티

fifty fifty

sixty

60 식스티

sixty sixty

seventy

70 세븐티

seventy seventy

eighty

80 에잇티

eighty eighty

ninety

90 나인티

ninety ninety

one hundred

100 원 헌드레드

one hundred

one thousand

1,000 원 싸우전드

one thousand

ten thousand

10,000 텐 싸우전드

ten thousand

✏️ 요일

Sunday
일요일 썬데이

Sunday

Sunday

Monday
월요일 먼데이

Monday

Monday

Tuesday
화요일 튜즈데이

Tuesday

Tuesday

Wednesday
수요일 웬즈데이

Wednesday

Wednesday

Thursday
목요일 써-ㄹ즈데이

Thursday

Thursday

제3장 단어와 문장

113

Friday

금요일 프라이데이

Friday

Friday

Saturday

토요일 새러데이

Saturday

Saturday

✔ 부족한 단어를 다시 한 번 써 보세요.

✏️ 사계절

spring

봄 스프링

spring

spring

summer

여름 서머

summer

summer

autumn

가을 오텀

autumn

autumn

winter

겨울 윈터

winter

winter

✔ 부족한 단어를 다시 한 번 써 보세요.

✏️ 달(월)

January
1월 재뉴어리

January

January

February
2월 페브뤄리

February

February

March
3월 마치

March

March

April
4월 에이프럴

April

April

May
5월 메이

May

May

June

6월 준

June

June

July

7월 줄라이

July

July

August

8월 오거스트

August

August

September

9월 셉템버

September

September

October

10월 악토버

October

October

November

11월 노벰버

November

November

December

12월 디셈버

December

December

✓ 부족한 단어를 다시 한 번 써 보세요.

east

동쪽 이스트

east

east

west

서쪽 웨스트

west

west

south

남쪽 사우스

south

south

north

북쪽 노스

north

north

제3장 단어와 문장

✔ 부족한 단어를 다시 한 번 써 보세요.

✏ 문장 쓰기

안녕, 나는 윤아야.

Hello, I'm Youna.

Hello, I'm Youna.

생일 축하해.

Happy birthday.

Happy birthday.

천만에요. / 별 말씀을 다 하세요.

You're welcome.

You're welcome.

나는 배가 고프다.

I'm hungry.

I'm hungry.

네 손을 먼저 씻어라.

Wash your hands first.

Wash your hands first.

나는 사과를 좋아해.

I like apples.

I like apples.

너는 치킨을 좋아하니?

Do you like chicken?

Do you like chicken?

너 수영할 수 있니?

Can you swim?

Can you swim?

도와줘! 나 좀 도와줘.

Help! Help me.

Help! Help me.

오늘 날씨가 어떠니?

How is the weather today?

How is the weather today?

눈사람을 만들자.

Let's make a snowman.

Let's make a snowman.

이분은 나의 아버지야.

This is my father.

This is my father.

만나서 반가워.

Nice to meet you.

Nice to meet you.

괜찮니?

Are you OK?

Are you OK?

좋은 아침이야.

Good morning.

Good morning.

나를 도와줄 수 있어?

Can you help me, please?

Can you help me, please?

대단히 고마워.

Thank you very much.

Thank you very much.

몇 살이니?

How old are you?

How old are you?

몇 시야?

What time is it?

What time is it?

나는 모른다.

I don't know.

I don't know.

정말 예쁘다.

That's right is pretty.

That's right is pretty.

축구하자.

Let's play soccer.

Let's play soccer.

피곤해.

I'm tired.

I'm tired.

지금 시간 있니?

Are you free now?

Are you free now?

이거 얼마니?

How much is it?

How much is it?

실례합니다. / 미안합니다.

Excuse me.

Excuse me.

하늘을 봐.

Look at the sky.

Look at the sky.